LE BOUQUET

DES ENFANS,

OU

ALPHABET AMUSANT.

Imprimerie DAUMONT, avenue de St.-Cloud,
n° 3, à Versailles.

La Récréation, après le travail.

LE BOUQUET DES ENFANS,

ALPHABET

INSTRUCTIF ET AMUSANT

Orné de 38 jolis sujets de gravure en taille-douce représentant des fruits et des fleurs.

A PARIS,

Librairie d'Éducation

D'ALEXIS EYMERY, Rue Mazarine, N°30.

(1815)

AVIS DE L'ÉDITEUR.

Nous avons remarqué depuis long-
temps que dans les ouvrages destinés à
l'enfance ou à la jeunesse, on négligeait
trop souvent trois choses essentielles :
les principes de la saine morale qui dé-
coule de la religion ; le plan qui donne
le bon sens et classe les faits dans la mémoire ; et la pureté du style. En nous
reportant aux jours de notre premier
âge, nous avons vu que les mauvaises
locutions d'un usage habituel, nous ont
rendu plus pénibles les études de l'ado-
lescence ; et notre but surtout étant d'ê-
tre utiles, nous avons pensé qu'il fallait
parler aux enfans comme les hommes se
parlent, persuadés que les premières
idées comme les premiers sentimens,
ne s'effacent jamais de notre mémoire,

et deviennent pour ainsi dire, à notre insu, nos guides invariables.

Nourris de cette conviction, nous avons apporté tous nos soins à rendre le *Bouquet des Enfans* à la fois religieux, utile et agréable ; on n'y trouvera point, comme dans presque tous les autres ouvrages de ce genre, des principes erronés ou des phrases vicieuses ; nous nous sommes en outre appliqués à ce que chaque partie qui le compose ait un cadre, et se rattache néanmoins à l'ouvrage entier. Nous ferons désormais des sacrifices pour que tous les livres d'éducation qui sortiront de nos mains, même ceux du premier âge, soient composés dans cet esprit.

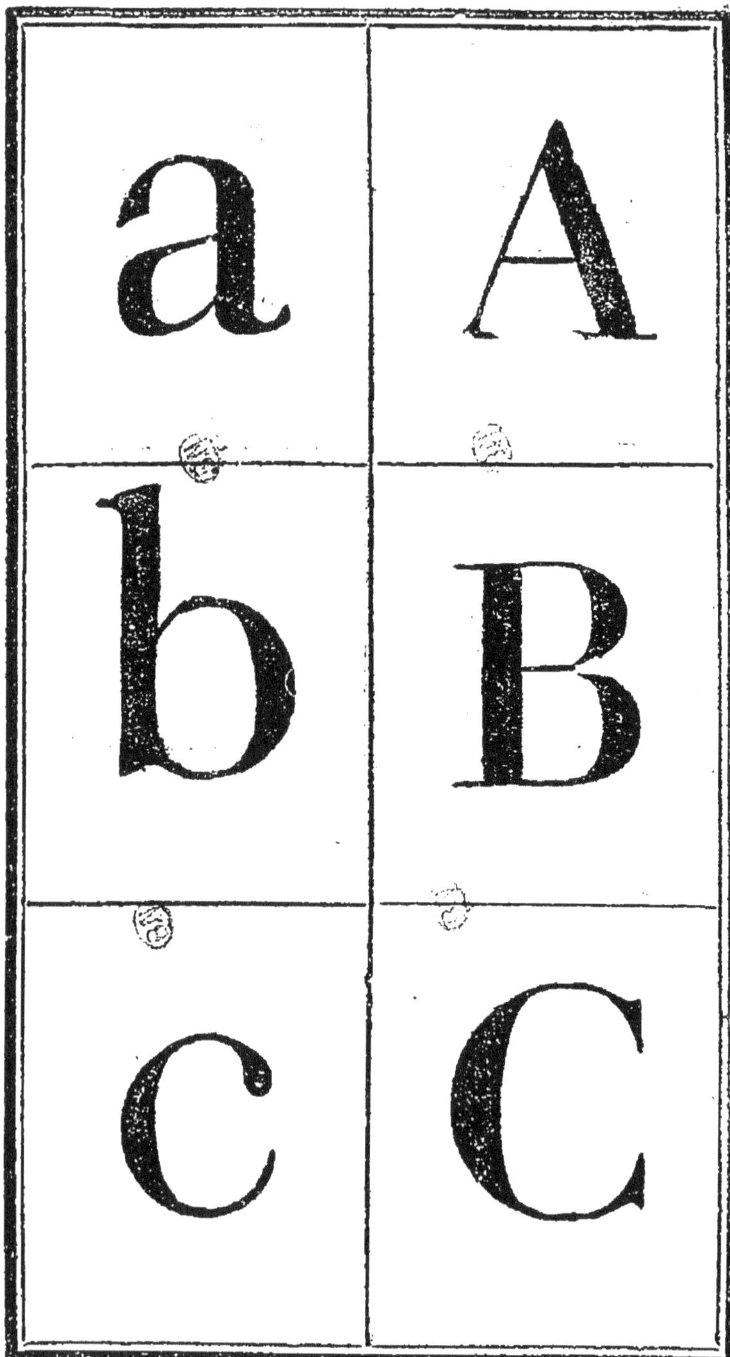

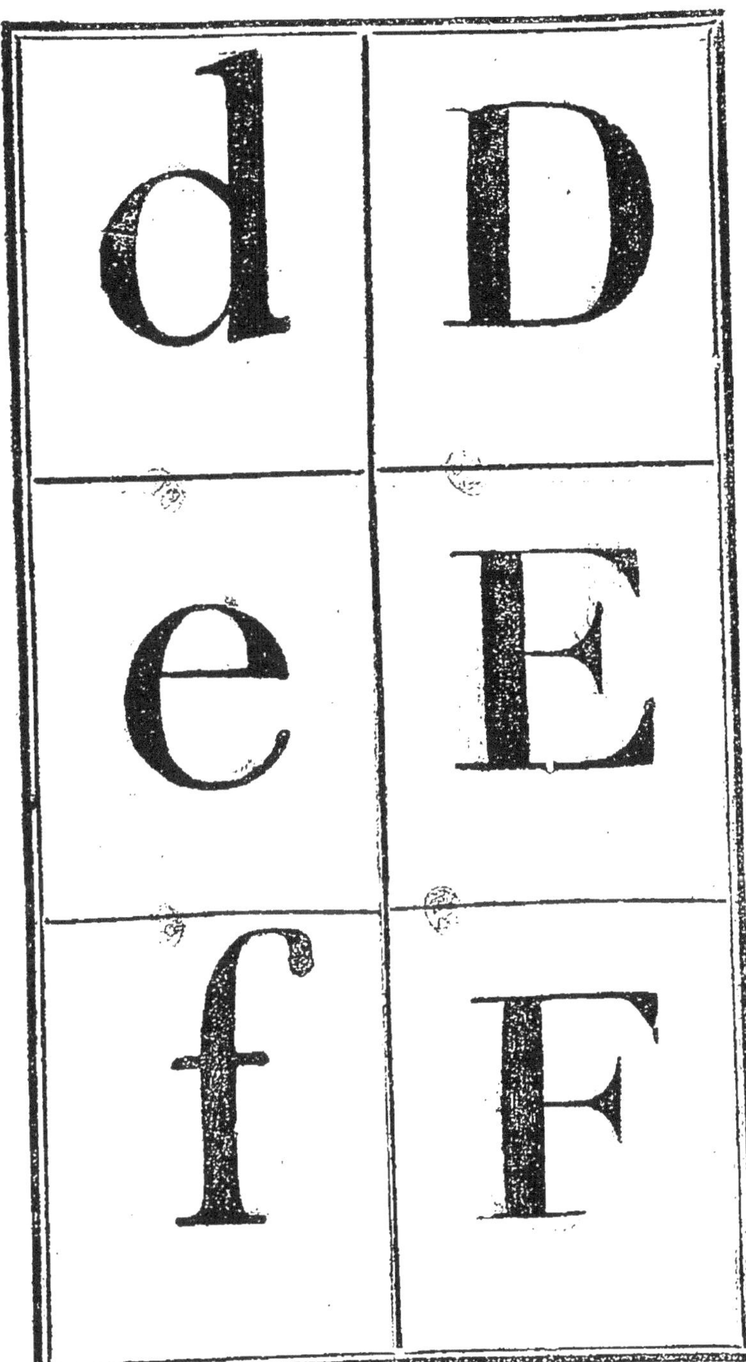

g | G

h | H

i | I

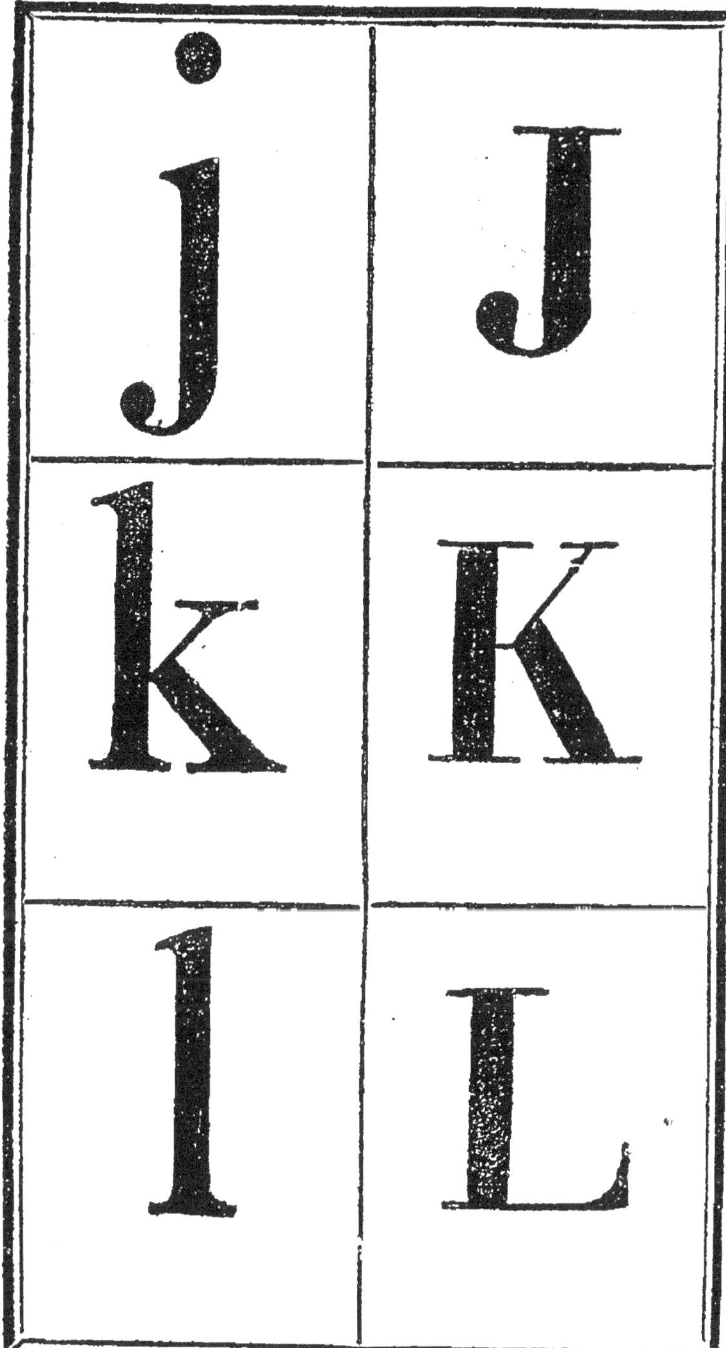

m | M

n | N

o | O

p	P
q	Q
r	R

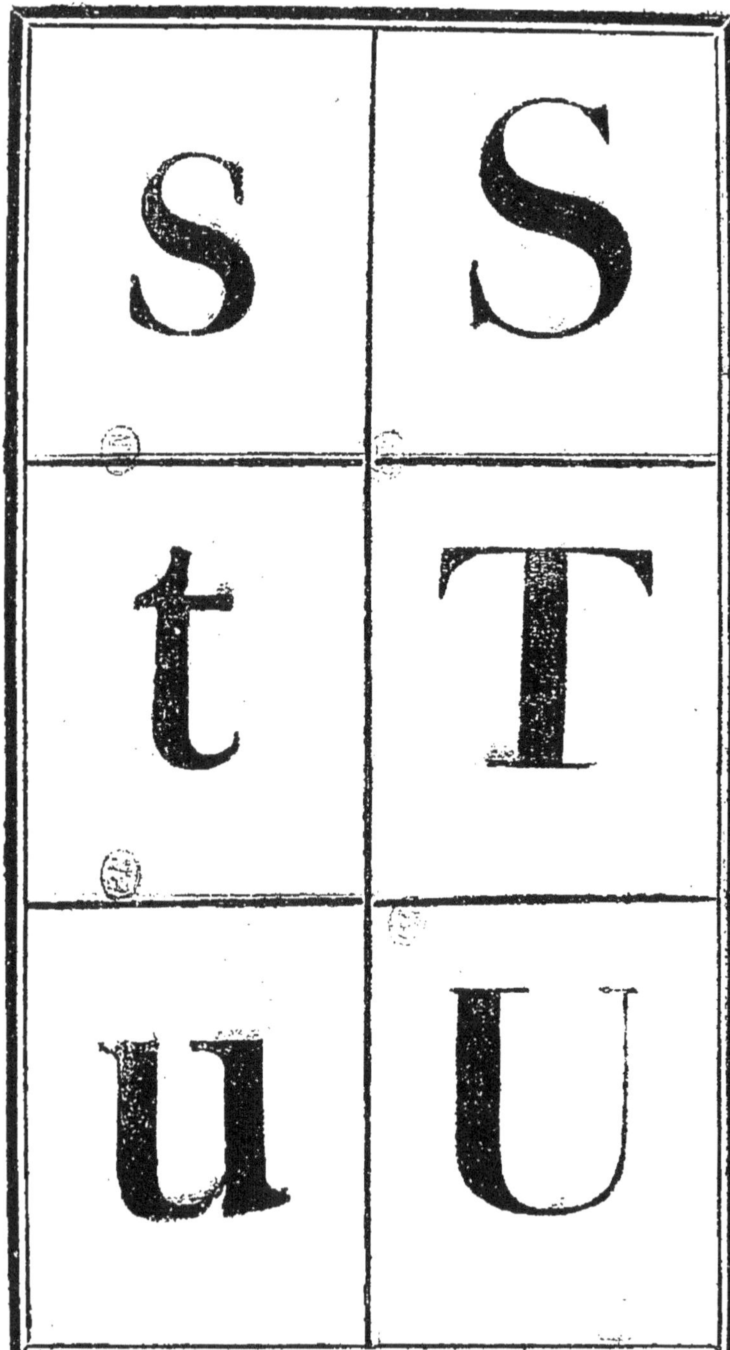

s S
t T
u U

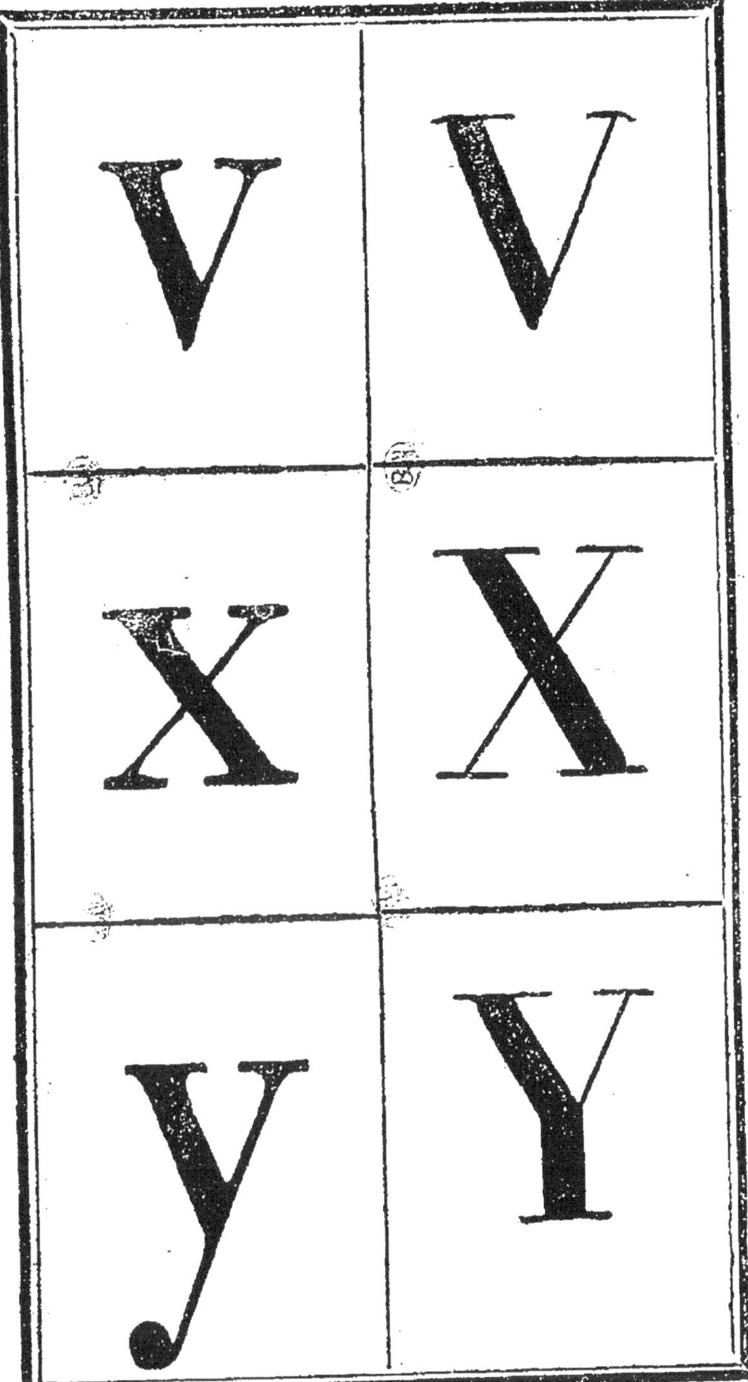

Z Z

æ Æ

œ Œ

a   b   c   d

e   f   g   h

i   j   k   l

m   n   o   p

q   r   s   t

u   v   x   y   z.

Lettres doubles et liées ensemble.

æ   œ   fi   ffi

fi   fi   fl   ffl

ff   ſb   fl   ſſ

ﬅ   ft   w   &.

æ   œ   fi   ffi

ſi   ffi   fl   ffl

ff   ſb   fl   ſſ

ﬅ   ft   w   &.

Voyelles.

a e i ou y o u

Syllabes.

ba be bi bo bu
ca ce ci co cu
da de di do du
fa fe fi fo fu
ga ge gi go gu
ha he hi ho hu
ja je ji jo ju
ka ke ki ko ku

la	le	li	lo	lu
ma	me	mi	mo	mu
na	ne	ni	no	nu
pa	pe	pi	po	pu
qua	que	qui	quo	qu
ra	re	ri	ro	ru
sa	se	si	so	su
ta	te	ti	to	tu
va	ve	vi	vo	vu
xa	xe	xi	xo	xu
za	ze	zi	zo	zu

MOTS A ÉPELER.

Syllabes pleines et composées.

Rô - ti, pa - ri, do - do, ce - la,
bé - ni - ra, dé - so - bé - ir.

*Phrase à épeler, formée de syllabes
simples et pleines.*

Pa-pa va à Is-sy ; il se-ra re-
ve - nu à mi - di.

*Syllabes simples terminées par un e
muet.*

Mo - rue, a - mie, mo - dè - le,
Ro - me, re - vue, fi - dèle.

Phrase à épeler.

Le pa-pe ha-bi-te Rome.

*Syllabes simples terminées par un e
muet et une s.*

Des, ga-ges, ca-ges, fo-lies, ce-
ri-ses.

Syllabes composées.

E-cot, pli, fin, a-mer, a-gir, par-
ti-ci-per, pas, bac, bec.

Phrase à épeler.

A-dam mé-pri-sa la loi de l'E-ter-nel, qui le pri-va du pa-ra-dis.

Syllabes plus composées.

Ab-sent, vo-leur, dé-part, fort, re-ve-nant, loup, re-vers.

Phrases à épeler.

Les jeu-nes gens ne sont ja-mais mé-chans.

Ren – fer – mez vos plai – sirs dans vos de-voirs.

Diphthongues.

Miel , dia ble , brio che, sa luer , client, friand, chien.

Phrase à épeler, dans laquelle il se trouve des diphthongues.

Le roi Louis est un Dieu pro-tec-teur.

Deux voyelles ne faisant qu'un son.

Cloud, jeu, plein, saint, jour, cha leur, cou leur, a tours.

Plusieurs voyelles formant un seul son.

Ci seaux, cou teaux, mi lieu,
ac cueil lir, ef feuil ler.

Voyelles accentuées. — Accent aigu.

É ter ni té, sé pa ré, hé bé té.

Accent grave.

Ac cès, dé cès, mi sè re.

Accent circonflexe.

Su prê me, crê me, fê te.

Tréma (¨).

Moï se, Sa ül, naï ve té, a ïeul.

Oi.

Froid, be soin, poids, poi vre,
bois, a bois, croi re, soir, loin.

G *qui ne se prononce pas.*

Etang, seing, hareng, rang.

Bla, bra.

Blanc, bleu, blâ ma ble, Bra-
bant, brai se, bre bis, bri quet.

Cla, cra.

Clar té, cler gé, cli ent, clo cher,
crain te, cré a teur, croi re.

Dra.

Dra me, dra peau, dres ser.

Fla, fra.

Fla con, fla geo let, flu xion, fra-
cas, frai se, Fran çais.

Gla, gra.

Gla ce, gland, glè be, glo be.
Grâ ce, gram mai re, grê le, gri-
ma ce, gros, gro seil lier.

Pla, pra.

Pla cet, pluie, pleurs, pli, plomb,
plon ger, prai rie, pra li ne, pru ne.

Spa, sta.

Spa cieux, Spar te, spé cial, sta-
tue, stu pi di té, sty ler.

Tra, tha, thla.

Tra ce, traî neau, tren te, Tri ni té, tru fe, trui te.

Tha lie, thé â tre, Thè bes, a thlè-te, a thlé ti que.

Cha.

Cha cun, char me, che vreuil, chi co rée, cho co lat, chu te.

Chro.

Chro ni que, chro no lo gie, chré-tien.

Ch *prononcé comme* k.

Chal dée, chi ro gra phie, é cho, bac chan te.

Vra.

Vrai, i vre, A vran ches, vril le, a vril, vi vres, E vreux.

Du q.

Qui, le quel, quoi que, bi co que, co quet, pla que.

Gue, gué, guè et guë.

Bri gue , fi gue , gué , guè re ,
gué rir, guer rier, ai guë , ci guë.

Son de l's entre deux voyelles.

Con tu sion , dé ci sion, po ser.

Les deux ss.

Bas se, clas ser, ces ser, pres se.

Son du z au commencement du mot.

Zé ro , zes te, Zé non , zé phir.

Z au milieu du mot.

A ma zo ne , quin ze , sei ze.

Z à la fin du mot.

Vous vou lez , vous or don nez ,
vous pre nez , vous dan sez.

De l'x ayant le son de cs joints ensemble.

A xe , se xe , ma xi me , lu xe.

De l'x prononcé comme gz joints ensemble.

E xem ple , e xemp ter , e xis ter,
Xi pha rès.

De l'x prononcé comme deux ss.

Au xon ne, Bru xel les, six, dix.

X *prononcé comme* z.

Deu xiè me, di xiè me.

X *prononcé à la fin des mots comme* s.

Fâ cheux, des ba teaux, des a-
ni maux, prix, cieux.

*L'*y.

E gayer, ve nez-y, j'y vais, mi-
toyen, loyal, es suyer.

T *prononcé comme deux* ss.

Ad di tion, é du ca tion, Do mi-
tien, ac tion, plan ta tion.

Ç *avec une cédille prononcé comme*
deux ss.

A per çu, dé çu, a van çons, il
con çut, on pro non ça.

Ph *comme* f.

Pha re, pha se, phé nix.

L *mouillée.*

Cail le, rouil le, é cueil, con seil, re cueil lir, mail, or gueil.

G *mouillé.*

Cam pa gne, sai gner, co gner.

Lettres doubles.

OEil, bœuf, œil la de, cœur, chœur, œil let, œu vre, œu vée.

H *non aspirée.*

Ha bi tu de, her mi ta ge, her be, his toi re, hon neur, hô te.

H *aspirée.*

La haie, la hai ne, la herse, u ne ha ran gue, la har dies se, le hé ros, la Hol lan de, la hu re.

Oï *comme* ai.

J'é cri vois, les An glois, il vou- loit, on par toit, on é cou toit.

Ent *prononcé comme* an.

Ac cent, pré sent, ar dent, sergent, ar me ment, con tent.

Ent *prononcé comme* e *muet.*

Ils par tent, ils veu lent, ils ap pren nent, ils jouent.

Quelques mots difficiles.

Ac ces soi re, ac qui es cer, at mos phè re, a thé is me, bi bli o thé cai re, bis sex ti le, ca tas tro phe, ca té chis me, chro no lo gie, fan tas ma go rie, hié rar chie, Jé sus Christ, in des truc ti ble, i nex tin gui ble.

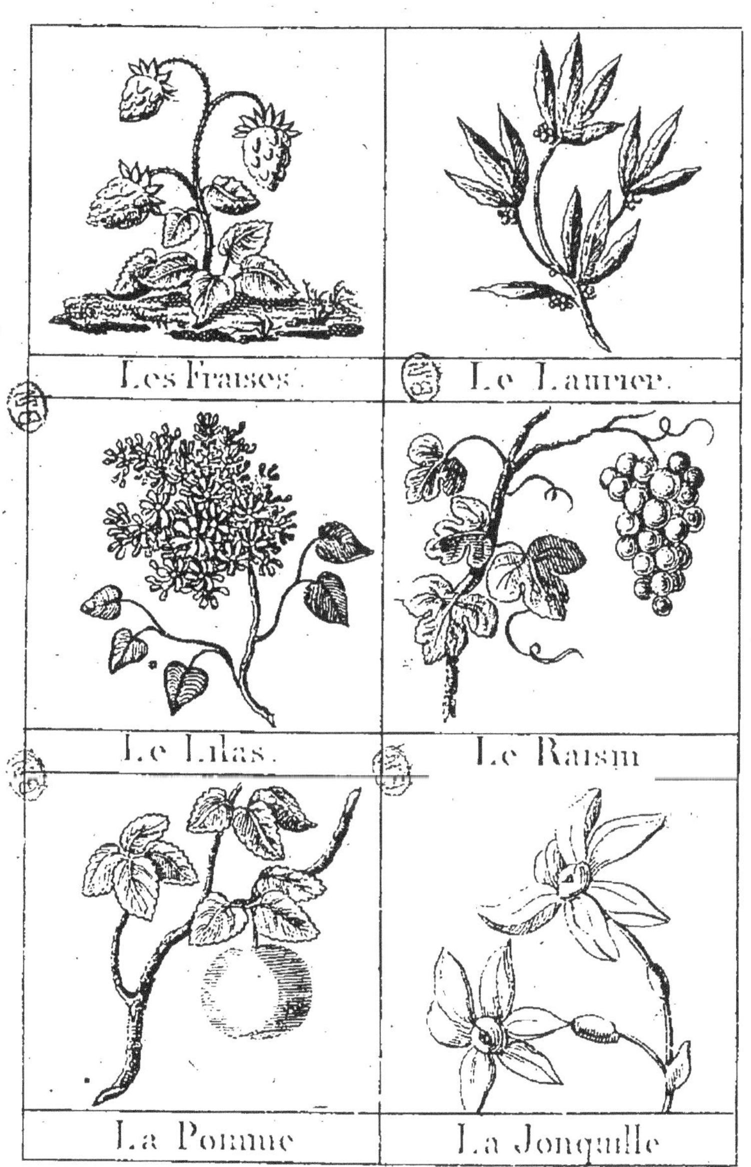
Les Fraises.
Le Laurier.
Le Lilas.
Le Raisin
La Pomme
La Jonquille

LE BOUQUET
DES ENFANS,

OU

ALPHABET AMUSANT.

LE LILAS, LA JONQUILLE
ET LES FRAISES.

Ernest, joli petit garçon, âgé de sept ans, entre un matin dans la chambre de Léopoldine, sa sœur aînée; il portait avec peine entre ses petits bras deux grosses bottes de *lilas*. Ma sœur, lui dit-il, j'ai entendu dire, il y a quelques jours, à notre bonne mère, que ce qui lui plaisait le plus dans les premiers jours du printemps, c'était de se promener dans une allée de lilas; c'est aujourd'hui sa fête, je vais lui porter ces fleurs, qu'elle aime tant. Mon frère, répondit Léopoldine, ce *gros lilas* qui dans un jardin flatte également l'œil et l'odorat, ne se donne point pour bouquet; cependant tu peux accorder aisément et le goût de maman et l'usage. Tu ne sais pas encore, je le vois, qu'il est deux espèces de lilas : le lilas que tu tiens, qui croît sur des arbrisseaux un peu élevés, et le *lilas de Perse*, petit arbuste dont les branches plus délicates peuvent se mettre au côté ; joins-y des jonquilles, maman les aime beaucoup. Je ne connais pas les jonquilles, dit Ernest. — C'est une fleur bien jolie ; sa couleur, d'un jaune tendre, se mêle au mieux avec celle du lilas ; il est des jonquilles simples et des jonquilles doubles, leur parfum est très-agréable ; nous mettrons ces deux sortes de fleurs dans une corbeille semblable à celle que j'ai préparée pour la remplir de fraises que j'ai cueillies moi-même. Les fraises sont bonnes et rafraîchissantes ; leur couleur rouge charme la vue. Ah ! combien j'avais de plaisir à choisir les plus grosses et les plus belles en pensant qu'elles étaient pour ma mère ! Aussi, quoique j'aime beaucoup à dormir et qu'on me gronde toujours de ce que je suis un peu paresseuse, je me suis levée de grand matin : mais que ne ferait-on pas pour une mère comme la nôtre ! Monsieur de Valville, qui était dans un cabinet voisin, ayant entendu la conversation de ses enfans, les appela et leur dit : Mes chers petits amis, je suis satisfait du soin que vous prenez d'offrir à votre mère un présent qui lui soit agréable ; mais il faut joindre à l'hommage de vos bouquets la promesse d'être toujours sages, dociles, de remplir avec exactitude tous vos devoirs, et de mériter par-là le titre de bons enfans ; c'est la meilleure manière de fêter une tendre mère, et de lui prouver que vous n'oubliez pas un seul moment la reconnaissance que vous devez aux soins touchans qu'elle vous prodigue sans cesse.

LA POMME.

Ce fruit rappelle l'histoire d'Adam, le premier homme que créa le Seigneur. Après avoir fait le monde, Dieu fit sortir du sein de la terre toutes sortes d'arbres agréables à la vue et dont les fruits étaient délicieux ; il les réunit dans un jardin appelé le *Paradis Terrestre* ; il y mit Adam pour en être le gardien, et lui permit de manger de tous les fruits qui s'y trouvaient, excepté de ceux que portait l'arbre placé au milieu du jardin. Adam mangea de ce fruit malgré la défense qui lui en avait été faite. Dieu, irrité de son ingratitude, le chassa de ce lieu de délices. Adam termina sa carrière accablé sous le poids des misères humaines, tandis que s'il eût suivi la volonté de Dieu, il aurait vécu éternellement, et aurait joui du repos et du bonheur. La gourmandise, la désobéissance, l'ingratitude ont causé les malheurs du premier homme et ceux de sa postérité; cela doit servir d'exemple aux enfans pour éviter ces défauts, qui les font haïr, et deviennent pour eux la source de toutes sortes de maux.

La *pomme* est un fruit agréable au goût, mais il est dangereux de le manger quand il n'est pas mûr. Il est sain en compote et en marmelade.

On fait avec des pommes de *reinette franche*, une gelée qui est une des meilleures confitures. Les pommes de *calville rouge* et de *calville blanc* sont bonnes à manger crues, ainsi que la *reinette blanche* et la *reinette grise*.

La pomme d'*api* est recherchée par sa beauté; sa couleur rose se détache sur un fond blanc, et plaît beaucoup à l'œil : son eau délicieuse rafraîchit la bouche et apaise la soif.

Il existe une si grande quantité de pommes, qu'il serait trop long de les décrire toutes. Celles que nous venons de nommer sont les meilleures et les plus estimées.

Ce fruit est très-abondant en Normandie, où le raisin ne mûrit pas, et l'on y remplace le vin par une boisson que l'on fait en exprimant le jus des pommes sous des pressoirs; on met ensuite ce jus fermenter dans des tonneaux, et cette liqueur, que l'on appelle *cidre*, est très-agréable à boire.

LE LAURIER.

Mon papa, dit le jeune Adolphe, je voudrais bien savoir le nom de l'arbuste que je viens de voir là-bas dans cette allée; il porte de grandes branches semblables à des baguettes, et qui servent de tiges à de plus petites branches garnies de feuilles longues, étroites, pointues, et surmontées de bouquets de fleurs couleur de rose. Il s'appelle le *laurier-rose*, dit M. de Merville. Il est originaire d'Espagne, d'où il fut transporté aux colonies anglaises d'Amérique, et de là dans toute l'Europe. Cet arbuste a le mérite peu commun de conserver ses feuilles pendant l'hiver.

Nous possédons différentes espèces de lauriers : je t'en ferai la description un autre jour ; je ne te parlerai en ce moment que de celui connu sous le nom de *laurier-sauce*, ainsi appelé parce qu'on en met les feuilles, qui sont odorantes et aromatiques, dans tous les ragoûts. Cet arbuste, que l'on cultive dans ce pays, vient naturellement dans les forêts d'Espagne et d'Italie, dont le climat, très-chaud, est propre à sa végétation : aussi l'y voit-on croître jusqu'à vingt pieds de hauteur.

Lorsque tu seras en âge de lire l'histoire, tu apprendras que le laurier était très-célèbre chez les anciens ; les généraux victorieux en étaient couronnés dans leurs triomphes, et en portaient une branche à la main, comme signe de la victoire ; les soldats en ornaient leurs lances et leurs javelots. Tu verras aussi dans la Mythologie que cet arbrisseau fut consacré au culte d'Apollon, dieu de la poésie, des arts et des sciences.

En France on en couronne les écoliers qui remportent des prix dans les lycées et dans les pensions : que j'aimerais à t'en voir décorer ! Vous le verrez, dit Adolphe en sautant ; oui, je vais travailler jour et nuit pour vous donner ce plaisir.

LE RAISIN,

LE *raisin* est le fruit que donne la *vigne*. Cette plante croît en arbrisseau ; ses tiges se contournent très-irrégulièrement, ce qui lui a fait donner aussi le nom de *bois tortu.*

Le bois que pousse la vigne s'appelle *sarment;* et lorsque les sarmens sont garnis de feuilles, on les appelle *pampres;* la plante entière se nomme *cep,* et la réunion seule d'une grande quantité de ceps se nomme *vigne.*

Les fleurs que donne la vigne ont une odeur agréable. Lorsque ces fleurs tombent,

le fruit leur succède; on aperçoit alors de petits grains verts très-acides. Ils s'adoucissent
en mûrissant, et, de verts qu'ils étaient,
ils prennent différentes couleurs. Ce sont
ces grains, disposés en grappes, que l'on
nomme *raisin*.

Le raisin n'est pas seulement bon à manger, on en retire encore une boisson que
l'on appelle *vin*. Pour faire cette liqueur on
dépouille les vignes de tous leurs raisins mûrs,
on les transporte dans des cuves; là, on
foule le raisin avec les pieds, puis on le laisse fermenter. Quand il l'est suffisamment, on
le met sous le pressoir peur achever d'expri-
mer le jus des grappes. Ce jus est d'abord
doux et sucré; on l'enferme alors dans des
tonneaux, où, après avoir subi une nouvel-
le fermentation, il devient bon à boire. Le
vin enivre, et fait beaucoup de mal lorsqu'on
en boit avec excès. *Noé* cultiva la *vigne*
avec soin; le premier il fit du *vin* et en but.
Comme il n'en connaissait ni la force ni les
effets, il s'enivra et s'endormit dans sa ten-
te. Pendant son sommeil, il écarta les vête-
mens dont il était couvert. *Cham*, un de

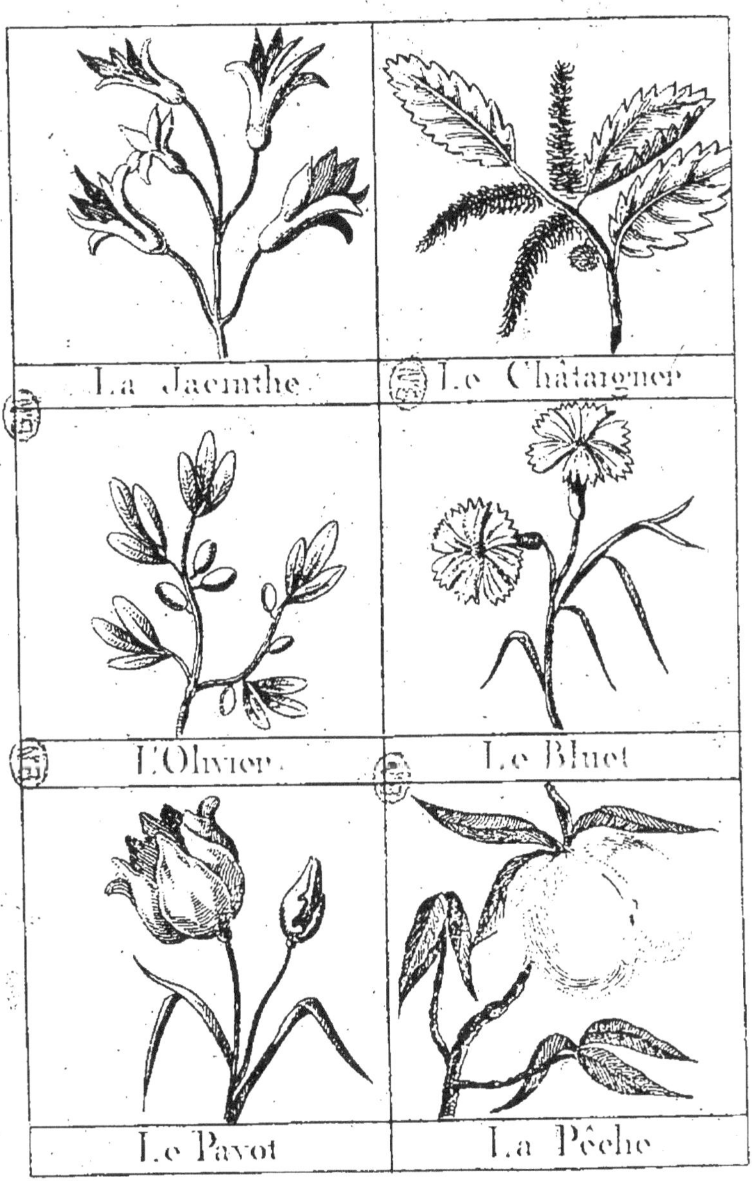

La Jacinthe.
Le Châtaignier
L'Olivier.
Le Bluet
Le Pavot
La Pêche

ses fils, alla, par dérision, chercher ses frè-
res, *Sem* et *Japhet;* mais ces deux fils vertueux mirent un manteau sur leurs épau-
les, et, marchant à reculons jusqu'à leur
père, couvrirent ce que la pudeur ordon-
nait de cacher. A son réveil, *Noé*, instruit
de la conduite rsspectueuse de *Sem* et de
Japhet, pria le Seigneur de répandre sur
eux ses bénédictions; puis il maudit *Cham*
et ses enfans, qui tous périrent d'une mort
affreuse.

LA JACINTHE.

Cette fleur est originaire d'Orient; sa
beauté la fait rechercher dans tous les pays;
elle est l'objet d'un commerce considérable
en Hollande, surtout dans la ville de Har-
lem, où l'on est parvenu, à force d'art, à obtenir des jacinthes simples et des jacinthes
doubles de différentes couleurs; il en est de
blanches, de bleues, et de jaunes; leur tige
sort d'un oignon qui croît également dans la
terre et dans l'eau, de sorte que l'hiver, saison où l'on est privé de toutes les autres fleurs,
les jacinthes en dédommagent; on peut en

orner l'appartement , en mettant les oignons qui les produisent dans des carafes et dans des vases placés sur la cheminée. Un jardinier fameux, nommé Tripet, a réuni et cultivé avec soin, dans un vaste terrain situé aux portes de Paris, la collection complète des plus belles espèces de jacinthes; les amateurs s'y procurent les moyens d'embellir leurs jardins, et les curieux vont en foule chez Tripet jouir du charmant coup-d'œil qu'offrent les nuances de ces fleurs , variées à l'infini , et de l'odeur suave qu'elles exhalent dans l'air.

LE CHATAIGNIER.

On voit en France de si gros châtaigniers que quatre personnes pourraient à peine embrasser leur circonférence.

Cet arbre produit des châtaignes, fruit dont la substance est farineuse , douce , bonne à manger lorsqu'elle est cuite. Il en est de différentes grosseurs; celles qui sont carrées et grosses comme le pouce se nomment *marrons;* elles viennent à quelques lieues de Lyon , d'où on les transporte dans cette ville pour y être vendues, ce qui leur a fait don-

ner le nom de *marrons de Lyon*. Les habi-
tans des montagnes des Cévennes et de quelques pays environnans, vivent une partie de
l'année de ce seul fruit ; ils en font sécher sur
des claies, ils le pèlent, le font moudre, et en
pétrissent un pain fort nourrissant, mais lourd
et indigeste.

On fait cuire les châtaignes tantôt dans
l'eau, tantôt sous les cendres, ou bien on les
fait rissoler dans une poêle percée.

On se sert quelquefois en médecine des
châtaignes pour faire un lok qui apaise la
toux.

L'OLIVIER.

Sur cet arbre croissent les olives, petit
fruit rond, de couleur verte, et qui contient
un noyau.

On retire de ce fruit une huile très-fine,
d'une qualité supérieure à toutes les autres ;
cette huile est l'objet d'un grand commerce
en Provence et en Languedoc, provinces mé-
ridionales de la France.

L'huile d'olives entre dans la composition
de plusieurs baumes et onguens ; elle adou-

cit les tranchées de la colique et les douleurs de la dyssenterie; elle est un des meilleurs remèdes contre les poisons corrosifs.

Le bois d'olivier a une odeur fort agréable; il prend un beau poli, ce qui le fait rechercher par les ébénistes et par les tabletiers.

La religion, dès les premiers siècles du monde, a consacré l'*olivier* dans la mémoire des hommes, et ses branches sont devenues le symbole de la concorde et de la paix. Vous avez vu quel malheur la désobéissance d'Adam avait amassé sur sa tête et sur celle de sa race; la corruption des hommes étant depuis parvenue à son comble, Dieu résolut de détruire, par un déluge d'eau, tout ce qui respirait sur la terre; cependant *Noé* ayant trouvé grâce à ses yeux, parce que c'était un saint homme, le Seigneur lui déclara son intention, et lui ordonna de bâtir une *arche* ou vaisseau, au moyen duquel il serait à l'abri de l'inondation, et lui recommanda de s'y retirer avec sa femme, ses trois fils et leurs femmes; il lui ordonna d'y renfermer avec lui des animaux de toutes les espèces, afin de repeupler la terre lorsque les eaux, dont elle aurait été entièrement couverte, seraient écoulées. Cent cinquante jours après l'inondation, Dieu permit qu'un grand vent soufflât pour diminuer les eaux; quarante jours après, Noé ouvrit la fenêtre de l'arche : il fit sortir un corbeau qui ne revint point, quoique les eaux ne fussent point encore écoulées; il fit sortir ensuite une colombe, mais elle revint à l'instant n'ayant point trouvé de terrain sec où reposer. Sept jours après, il l'envoya de nouveau, et sur le soir elle revint portant en son bec un rameau d'*olivier*, gage de la clémence du Seigneur. La justice de Dieu était satisfaite, il rendit à la surface de la terre son premier état, et il dità *Noé* : Sortez de l'arche, vous, votre femme, vos enfans, et les femmes de vos enfans; faites-en sortir aussi tous les animaux vivans qui y sont renfermés avec vous, retournez sur la terre, croissez et multipliez, en continuant d'y habiter. *Noé* obéit, ensuite il dressa un autel au Seigneur et lui offrit un sacrifice, en actions de grâces des bontés dont il l'avait comblé ainsi que sa famille.

LES BLUETS.

CETTE fleur, qui prend son nom de sa belle couleur bleue, porte aussi celui de *barbeau;* elle croît d'elle-même dans les blés à l'époque où l'épi se colore. L'art de l'habile jardinier, secondant la nature, èst parvenu à rendre cette fleur digne d'être l'ornement des jardins; on obtient par sa culture des barbeaux doubles, panachés de diverses couleurs, fort agréables à la vue par la variété et l'élégance de leur forme. On retire des fleurs du bluet, par le moyen de la distillation, une eau qui dissipe l'inflammation des yeux; elle est très-bonne pour éclaircir la vue, ce qui lui a fait donner le nom de *casse-lunettes.*

LES PAVOTS.

LES *pavots* offrent à l'œil une grande variété de couleurs. Les plus beaux sont ceux de couleur pourprée et ceux de couleurs panachées. Cette plante, qui s'élève majestueusement au-dessus des autres dans les parterres, produit à l'œil le plus bel effet; à la fleur succède une tête ou coque grosse comme un œuf de poule , qui renferme un grand nombre de petites semences ; ces têtes s'emploient en médecine , elles provoquent au sommeil ; aussi les poëtes nous ont peint Morphée , Dieu du sommeil , couché sur des gerbes de pavots.

On cultive beaucoup de pavots blancs , desquels on retire , au moyen d'une préparation , une liqueur appelée *opium*, qui rend le calme et le repos dans les maladies aiguës, mais devient un poison si l'on en prend une trop grande quantité.

Le pavot fournit aussi une huile connue sous le nom d'*huile d'œillet :* les peintres en font usage ; on s'en sert pour les lampes ; et dans beaucoup d'endroits elle remplace l'huile d'olive , quoiqu'elle lui soit très-inférieure.

LA PÊCHE.

Un des fruits les plus exquis recueillis en Europe, est dans notre climat celui qui demande le plus de soin. C'est surtout à Montreuil et à Bagnolet, lieux situés près Paris , que l'on est parvenu à cultiver l'arbre appelé *pêcher*, de manière à ce qu'il produise des *pêches* d'une beauté et d'une qualité supérieures à toutes les autres. La plupart de ces fruits ont la peau velue ; ils sont jaunes et colorés d'un rouge brun ; la chair en est fer-me, quoique fondante, douce, sucrée et d'un goût délicieux. Ils renferment un gros noyau, gravé de profonds sillons. Ce noyau contient une amande très-amère. Les fleurs du pêcher sont disposées en roses, et précèdent le fruit; elles ont, ainsi que les feuilles de cet arbre, une vertu aromatique qui n'est pas désagré-able. Elles servent à faire un sirop purgatif.

On conserve les pêches dans de l'eau-de-vie ; on peut les faire sécher au soleil, et les garder ainsi tout l'hiver pour en faire des compotes.

LES POIRES.

Les poires croissent sur des arbres qui de-viennent souvent d'une grosseur prodigieuse, et qu'on appelle *poiriers*. Ces arbres, comme tous ceux qui portent des fruits, sont d'abord cou-verts de fleurs. Lorsqu'elles se flétrissent et se passent, on voit paraître à la même place l'embryon ; c'est le fruit dans son enfance. Il grossit chaque jour, et parvient par degrés à

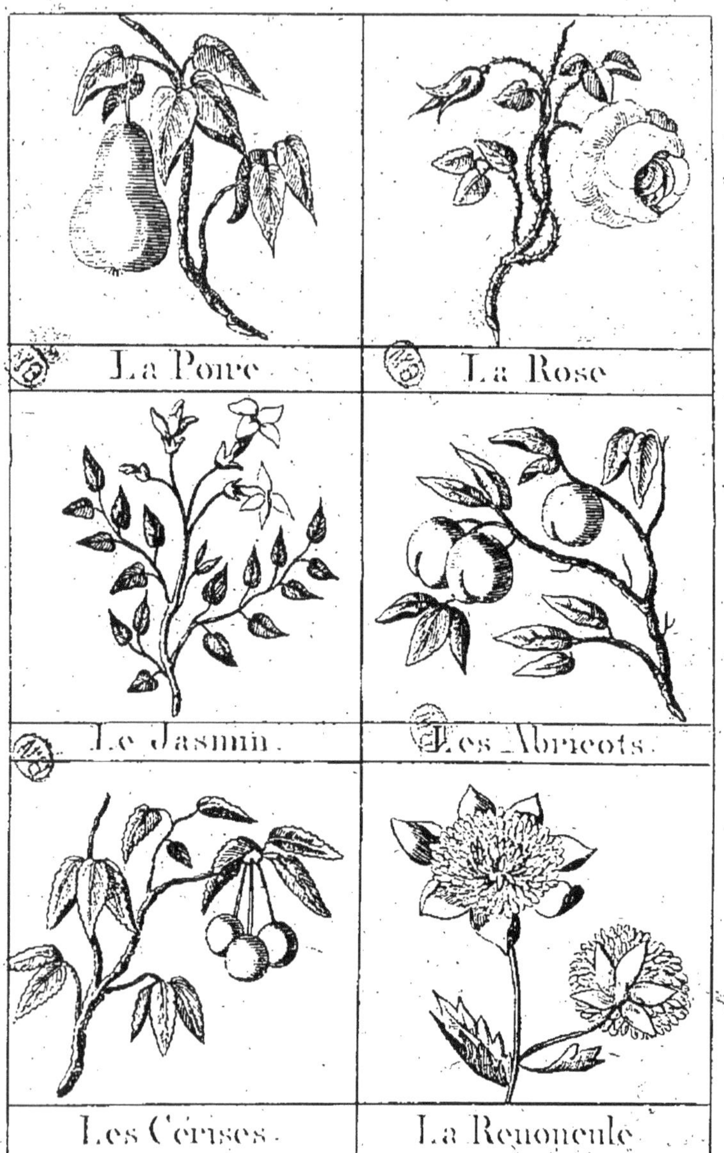

La Poire
La Rose
Le Jasmin.
Les Abricots.
Les Cerises.
La Renoncule

sa maturité. Alors il est charnu et bon à manger. Il renferme des pepins, qui, plantés en pleine terre, servent à le reproduire.

Il est beaucoup d'espèces de poires, toutes différentes par leur forme, leur coloris, leur parfum et leur goût.

Ces diverses espèces mûrissent successivement, et sont bonnes à manger, les unes en été, les autres en automne; d'autres se gardent tout l'hiver. Leur nombreuse quantité ne permet pas de les nommer toutes. Les meilleures sont :

Le *rousselet*, estimé surtout par son parfum. On conserve cette espèce en la faisant sécher au four. Il s'en fait un grand commerce à Reims et à Tours, sous le nom de *poires tapées*.

La poire de *beurré blanc* et celle de *beurre gris* surpassent toutes les autres en bonté, par l'abondance de leur eau, la délicatesse de leur chair, et l'excellence de leur saveur.

Le *doyenné*, poire fondante et remarquable par ses belles couleurs.

Le *messire Jean*, propre à faire d'excellent *raisiné*.

La poire de *bon chrétien d'hiver* est un des plus beaux fruits par sa grosseur, sa forme longue et pyramidale, et particulièrement par son coloris incarnat. Cette poire a l'avantage de faire d'excellentes compotes et de se garder tout l'hiver.

En Normandie et dans les pays où les vignes ne réussissent pas, on fait avec le suc des poires une boisson à peu près semblable à du vin blanc, et que l'on nomme *poiré*. Par le moyen de la distillation, on retire de la lie que cette liqueur dépose au fond des tonneaux, une fort bonne eau-de-vie.

Le marc des poires desséché sert à faire des mottes à brûler.

Il est très-dangereux de manger des poires avant qu'elles soient mûres ; non-seulement la santé en est altérée, mais on s'expose encore à de violentes maladies.

LA ROSE.

Ah, maman ! dit en accourant vers sa mère la jeune Lise, regardez cette *rose*, comme elle est belle ! M. de Saint-Elme, en me la donnant, vient de me dire : Jeune Lise, voici la *reine des fleurs;* c'est votre image; elle est fraîche comme vous. Ma fille, répond madame de Valcourt, je suis fâchée de vous voir tant de vanité; je vous ai cependant souvent recommandé de vous corriger de ce défaut. En vous donnant cette fleur, la plus belle de toutes, il est vrai, M. de Saint-Elme aurait dû vous apprendre que son éclat ne dure qu'un jour, et que sur sa tige croît l'épine qui ne périt qu'avec l'arbuste. Il en est de même d'une femme orgueilleuse de sa beauté : ses traits se flétrissent, mais le défaut lui reste. N'attachez donc aucun prix, ma fille, à cet agrément passager : devenez modeste, bonne, laborieuse : vous conserverez toute la vie ces qualités, tandis qu'une maladie peut vous enlever en un moment cette beauté dont vous êtes trop fière, et qui passe avec la jeunesse.

LE JASMIN.

Le *jasmin* est un arbrisseau dont les branches, longues et flexibles, ont besoin de soutien, et sont propres à former de charmans berceaux. Cet arbuste est au mois de juin dans toute sa beauté ; il se couvre alors d'une multitude de petites fleurs blanches qui exhalent une odeur si délicieuse, qu'on a voulu la transmettre dans différens fluides. On tire de l'Italie et de la Provence l'*essence de jasmin* ; c'est une huile aromatisée par les fleurs de ce nom. On cultive dans les jardins des *jasmins d'Espagne*, dont la fleur est beaucoup plus belle et l'odeur plus suave que celles des jasmins ordinaires. Le jasmin d'Espagne est à peu près semblable, pour la forme, au *lilas de Perse*. Cet arbuste, très-délicat, croît beaucoup mieux dans des caisses qu'en pleine terre.

Il ne faut pas oublier de parler du *jasmin oranger*, dont la fleur jonquille a le parfum de la fleur d'orange ; il ne faut pas non plus dédaigner le *jasmin jaune*, qui, bien que sans odeur, est agréable dans les cabinets de verdure.

L'ABRICOT.

L'ARBRE qui porte ce fruit est d'une moyenne grosseur ; il s'appelle *abricotier*, et se cultive dans les jardins et dans les vergers ; ses fleurs paraissent avant ses feuilles, et brillent dès les premiers jours du printemps: de la fleur naît un fruit presque rond, vert d'abord, jaune en dehors et en dedans lorsqu'il est mûr; il contient un noyau dans lequel est une amande presque toujours amère. Les abricots donnent la fièvre lorsqu'on en mange beaucoup. Ce fruit, d'une saveur douce et agréable, est également bon cru, cuit, confit au sucre, ou préparé en marmelade.

LES CERISES.

Petit fruit rouge dont la chair succulente est d'une saveur presque vineuse; l'arbre qui le porte a pris le nom de *cerisier*, de la ville de Cerasunte, en Asie, d'où il fut transporté en Italie par Lucullus, général romain. Sous le nom de cerises, on comprend aussi les *guignes*, les *bigarreaux* et les *griottes*, espèces qui diffèrent toutes les unes des autres par leur forme, leur couleur et leur goût.

Le *bigarreau* a la chair blanche et rouge; son goût est agréable; sa forme est à peu près celle d'un cœur; il renferme presque toujours des vers. Les enfans doivent être assez sobres et assez prudens pour en man-

ger fort peu, parce qu'il est très-indigeste
et très-malsain.

Les *guignes* sont d'un rouge foncé; leur
jus noircit les lèvres et leur fait perdre mo-
mentanément leur fraîcheur.

Les *griottes* sont grosses, fermes, et plus
douces que les cerises.

On conserve les cerises dans de l'eau-de-
vie, du sucre et de la cannelle; on en fait
aussi d'excellentes confitures et de bons
ratafias.

LA RENONCULE.

Cette fleur est au nombre de celles que
les amateurs cultivent avec un soin extrême;
elle produit un très-bel effet dans les jardins;
c'est dans ceux de Constantinople qu'on la
vit d'abord briller.

Un petit bouton, placé au milieu d'une
touffe de feuilles élégamment découpées,
annonce long-temps d'avance la fleur qui
doit charmer l'œil par la vivacité, la variété de ses couleurs et sa forme majestueuse; un léger duvet recouvre ce bouton et le
garantit du froid qui lui serait mortel; c'est

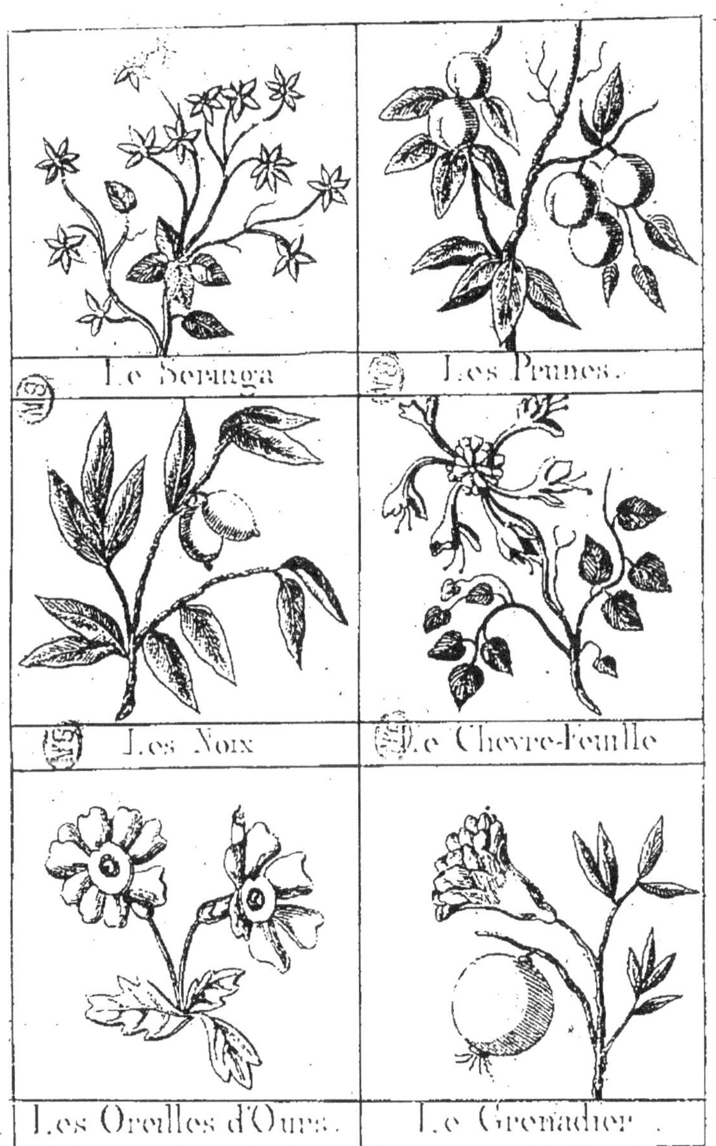

Le Seringa
Les Prunes.
Les Noix
Le Chevre-Feuille
Les Oreilles d'Ours.
Le Grenadier.

ainsi que la céleste bonté du Créateur s'étend non-seulement sur les hommes, mais encore sur tous les objets destinés à ses plaisirs et à ses besoins : nous le voyons répandre ses bienfaits sur les êtres, sur les plantes, et jusque sur les vermisseaux.

> « Aux petits des oiseaux il donne la pâture,
> » Et sa bonté s'étend sur toute la nature. »
>
> RACINE.

LE SERINGAT.

CET arbrisseau, réuni au jasmin, forme des bosquets délicieux; les fleurs du seringat sont blanches, et leur odeur est à peu près semblable à celle de la fleur d'orange. Cet arbuste est dans tout son éclat aux mois de mai et de juin.

LES NOIX.

PAR une de ces belles soirées du mois de juillet, où l'on aime tant à jouir de l'air pur et frais que l'on respire après le coucher du soleil, madame de Céran, qui habitait une maison de campagne à quelques lieues de Paris, dit à sa fille Julia, âgée de huit ans : Je suis contente, ma chère, de la manière

dont tu as rempli aujourd'hui tes devoirs ;
cesse tes occupations, et nous irons faire une
course dans les champs ; dis à ton frère Jules, qui mérite les mêmes éloges que toi,
qu'il vienne partager nos plaisirs. Ces aima-
bles enfans, charmés d'avoir contenté leur
mère, l'accompagnèrent avec joie dans une
promenade, la récompense de leur assiduité
au travail, et de leur obéissance envers leurs
supérieurs. Après une heure de marche,
madame de Céran, fatiguée, se reposa près
d'un *noyer,* et ses enfans jouèrent près d'elle
avec quelques fruits tombés de cet arbre.
Maman, lui dit le petit Jules, ces *noix* ne
sont pas encore mûres : quel dommage ! j'au-
rais bien du plaisir à les manger. Mon fils,
répondit madame de Céran avec un ton
sévère, je ne vous croyais pas capable de cet
acte de gourmandise. Julia, fâchée de ce que
son frère avait mérité des reproches, se hâta
d'en arrêter le cours, en disant : Maman, j'aime beaucoup aussi les noix ; mais il me semble qu'elles ne sont pas seulement bonnes à
manger. Cela est vrai, dit madame de Céran,
je vais vous faire connaître toutes leurs propriétés, et celles de l'arbre qui les porte. Une

grande partie de ce fruit, continua-t-elle, se cueille avant sa maturité; alors on le mange en cerneaux; on en fait des confitures; je me propose de vous en donner cet hiver, lorsque vous aurez bien répété vos leçons. Les noix que vous aimez tant s'appellent noix vertes; on en fait sécher pour l'hiver. Les noix sèches sont aussi très-bonnes à manger; elles donnent un grand produit, au moyen de l'huile qu'on en retire, et qui sert à diverses choses. Toutes les parties du noyer sont utiles en médecine. Son bois, recherché par les sculpteurs, est précieux aux arts; on en fait toutes sortes de meubles; ses racines et le brou servent à faire des teintures très-solides. Vous voyez, mes enfans, que ce fruit qui vous plaît n'est pas le seul avantage que nous offre cette admirable production de la terre, dans laquelle nous devons reconnaître, comme dans toutes les autres, la sublime prévoyance de l'Auteur de la nature.

Jules et Julia, enchantés de ce qu'ils venaient d'entendre, se promirent de questionner désormais leur mère sur tous les arbres et sur toutes les plantes qui s'offriraient à leur vue.

LES OREILLES D'OURS.

CETTE fleur est très-estimée des admirateurs de la belle nature. Rivale de la tulipe, par ses nuances brillantes et veloutées, elle a sur elle plusieurs avantages : elle fleurit deux fois par an; son feuillage reste toujours vert, et ses fleurs exhalent une odeur douce et mielleuse; ses feuilles sont vulnéraires et bonnes pour les coupures.

Cette fleur tire son nom de sa ressemblance avec l'oreille d'un ours.

LES PRUNES.

LA jeune Aurélie avait été bien sage toute la semaine; elle avait bien répété son catéchisme et son évangile. Sa maman, pour l'en récompenser, lui donna le dimanche, à déjeûner, deux belles grosses *prunes*. La petite fille n'en avait point encore vu; elle les regardait avec admiration, et craignait d'y toucher. Maman, dit-elle, je n'ose manger ces fruits, tant j'ai de plaisir à les regarder et à sentir leur bonne odeur. Je ne sais pas encore comment ils se nomment, ni comment ils viennent; apprenez-le-moi, je vous en prie. Ma fille, dit madame de Blamont, ce sont des *prunes de Monsieur;* elles proviennent d'un arbre appelé *prunier.* Mais il est des prunes de plusieurs espèces, et l'on distingue chaque espèce par un nom différent. Si je suis contente de toi la semaine prochaine, je te donnerai des prunes de *Reine-Claude;* ce sont les plus estimées : tu les trouveras, j'en suis sûre, bien bonnes et bien jolies. Leur couleur verte, colorée d'un rouge brun, les rend agréables à l'œil. Leur chair est succulente et sucrée, et leur odeur est très-suave. Un autre dimanche je te donnerai des prunes de *Mirabelle.* La couleur en est jaune; elles sont petites, mais fort bonnes, surtout en confitures. J'en ferai quelques pots pour cet hiver. Je ferai aussi provision de pruneaux : on appelle ainsi les *prunes de Damas* et les *prunes de Sainte-Catherine,* que l'on a fait sécher au soleil ou bien au four. Par ce moyen elles se conservent toute l'année. On les mange ainsi, ou bien on les fait cuire avec de l'eau, et l'on y mêle un peu de vin et du sucre.

Mais je m'aperçois, ma chère, que, tout occupée de ce que je t'apprends, tu as oublié ton déjeûner. J'avais tant de plaisir à vous é-couter, maman, que je n'y songeais plus, dit Aurélie. Elle reprit alors ses prunes, les admira de nouveau, et se décida enfin à les manger, non par friandise, comme quelques enfans mal élevés auraient pu le faire, mais pour juger si ces beaux fruits avaient autant de mérite au goût qu'ils en avaient à l'œil et à l'odorat.

LE CHÈVRE-FEUILLE.

C'est un arbuste grimpant, des plus agréables dans les jardins par la souplesse de ses tiges, qui s'entrelacent à volonté, par ses feuilles d'un beau vert, et surtout par la couleur et par le par-fum de ses fleurs, qui tantôt sont blanchâtres, tantôt jaunâtres, ou colorées de rouge. Cet arbrisseau s'élève assez haut en pleine terre pour garnir des palissades, des berceaux, des cabinets de verdure. On peut, en réunissant plusieurs espèces de chèvre-feuille, obtenir successivement des fleurs, depuis le mois d'a-vril jusqu'à la fin de l'automne. Le suc ex-

primé des feuilles de cet arbuste est vulné-
raire et détruit les vices de la peau.

L'eau distillée des fleurs du chèvre-feuille
guérit l'inflammation des yeux.

LE GRENADIER.

Le jeune Victor s'était promené dans un
beau jardin, où il avait eu la permission de
cueillir une branche portant plusieurs grenades. Maman, dit-il, je vous apporte un
joli bouquet : regardez ces fleurs, comme
elles sont d'un beau rouge ! c'est dommage
qu'elles n'aient aucun parfum. Ces fleurs,
m'a dit mon oncle, se nomment *grenades;*
l'arbre qui les produit s'appelle *grenadier.*
Dans nos jardins il ne peut s'élever que dans
des caisses, et ne produit que des fleurs;
mais en Espagne, en Italie et dans les pays
méridionaux de la France, où la chaleur du
climat permet qu'ils viennent en pleine terre,
à la fleur succède un fruit de la grosseur
d'une pomme, et recouvert d'une écorce
rouge en dehors, ridée, épaisse comme du
cuir, et cassante. L'intérieur de ce fruit est

aune ; il a une saveur quelquefois douce ou vineuse , quelquefois acide , selon l'espèce du grenadier. Il contient beaucoup de grains semblables à ceux du raisin. Vois-tu, maman, comme je suis savant ? continua Victor. Mon oncle m'a promis de me donner, au jour de l'an prochain , deux de ces beaux fruits , si je lui répète bien exactement ce qu'il vient de me dire. Je ferai tout mon possible pour ne pas l'oublier. Madame d'Albert fut étonnée de la prodigieuse mémoire que son fils avait pour son âge. Mon ami , lui dit-elle , je vois avec plaisir que tu sais profiter des leçons que te donne ton oncle. Continue , je te prie, à reconnaître ses bontés pour toi , en écoutant avec attention tout ce qu'il t'enseignera. Je pense que tu feras en sorte de retenir aussi ce que je vais ajouter à ce que tu viens de me raconter. Apprends donc , mon cher enfant, que le suc exprimé de la grenade est bon pour apaiser la soif dans les fièvres con-tinues. En Languedoc on en fait un sirop ou limonade qu'on boit avec plaisir, et qui est un excellent cordial. L'écorce n'est pas non plus sans utilité ; on s'en sert pour préparer

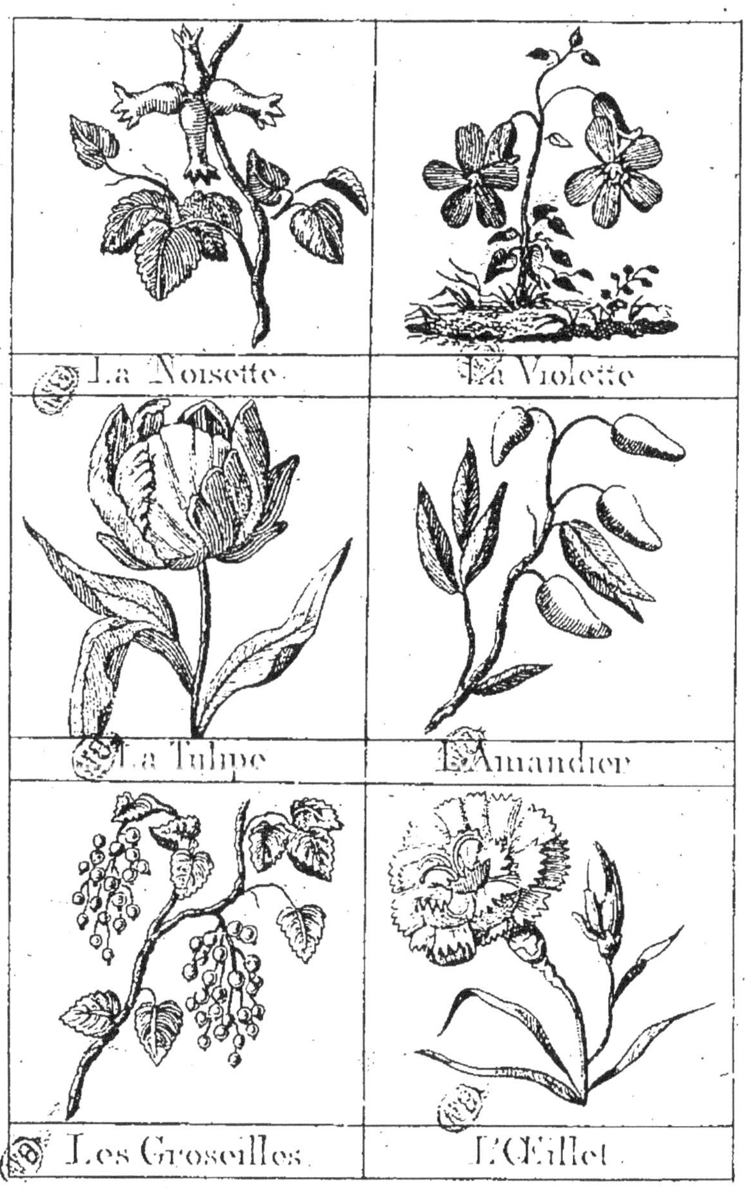

La Noisette.
La Violette
La Tulipe
L'Amandier
Les Groseilles
L'Œillet

les cuirs et pour faire de l'encre. On emploie
aussi fréquemment ses belles fleurs dans des
médicamens. Redis bien tout cela demain à
ton oncle, et moi je te promets pour étrennes
un joli livre, qui a pour titre, *le Cabinet du
Petit Naturaliste*, dans lequel tu trouveras
beaucoup de choses de ce genre qui t'amuse-
ront infiniment.

Victor, enchanté, embrasse mille fois sa
mère, et se réjouit d'avance du plaisir qu'il
aurait à posséder le précieux cadeau dans
lequel il puiserait des connaissances nouvelles.

LES NOISETTES.

Ce fruit est une espèce de petite noix ; il
naît sur un arbre appelé *noisetier* ou *coudrier*.
Ces arbrisseaux viennent naturellement dans
les forêts et le long des chemins. On les cultive dans les jardins, dans les vignes et dans
les vergers ; alors ils produisent de meilleures
noisettes, qui prennent le nom d'*avelines*.

Ces fruits croissent unis plusieurs ensemble. Ils sont recouverts d'une coiffe frangée
par les bords. Cette coiffe est d'un vert clair.

On retire de la *noisette* une huile douce et très-utile contre la toux invétérée.

LA VIOLETTE.

Cette fleur, si jolie et d'une odeur si agréable, est le symbole de la modestie. Dans les bois, dans les champs, l'air est embaumé de son parfum, tandis que, cachée sous une épaisse touffe de feuilles, elle se dérobe à tous les regards : c'est ainsi que la vertu modeste répand des bienfaits dont elle laisse ignorer la source. L'orgueilleux, au contraire, détruit souvent le prix d'une bonne action en prenant le soin peu généreux de s'en glorifier tout haut.

On tire de la violette un sirop adoucissant et rafraîchissant, une infusion qui a la même propriété, et une teinture qui sert à des expériences chimiques.

LA TULIPE.

La *tulipe* est remarquable par la richesse des nuances que renferme son calice. Son coloris satiné offre une beauté unique dans son genre. Cette fleur s'élève avec orgueil parmi ses compagnes, et semble fière d'attirer tous les regards. Elle parvient, il est vrai, à charmer la vue quelques instans; mais au lieu de la cueillir, ou la laisse se faner sur sa tige, parce qu'elle est sans parfum et n'offre aucune des propriétés que l'on trouve dans mille autres fleurs.

On peut comparer la tulipe à une femme d'une grande beauté, mais dépourvue de bon sens et d'esprit; on s'arrête en passant près d'elle, et bientôt on l'abandonne pour rester près d'une femme qui, possédant moins d'attraits, réunit au charme d'un esprit cultivé les qualités, plus attachantes encore, d'un cœur tendre et vertueux.

L'AMANDIER.

CET arbre s'élève assez haut et devient gros à proportion; son tronc est revêtu d'une écorce un peu raboteuse; ses feuilles, d'un goût amer, sont longues, étroites et dentelées légèrement sur les bords; sa fleur, la première qui paraisse dans la campagne à la sortie de l'hiver, produit un fruit appelé

amande : ce fruit est renfermé dans une coque,
tantôt dure, tantôt fragile.

On distingue deux espèces d'amandiers
qui ne diffèrent entre eux que parce qu'ils
fournissent, l'un des amandes douces, l'autre
des amandes amères.

L'amande douce procure une huile que
l'on emploie pour purger les enfans, arrêter
les vomissemens, apaiser les coliques, et détruire les effets des poisons corrosifs.

En pilant les amandes peu à peu avec de
l'eau, on en retire une liqueur douce et lai-
teuse, fort agréable au goût; on en fait aussi
différentes préparations qui, sous le nom d'é-
mulsions, se donnent dans les fièvres arden-
tes, dans les inflammations, dans les dyssen-
teries.

On confit les amandes vertes; lorsqu'elles
sont sèches, on en fait du nougat, des pralines,
des massepains, des macarons; elles entrent
dans la composition du sirop d'orgeat. En
râpant les amandes, on en prépare une pâte
pour décrasser et blanchir les mains.

LES GROSEILLES.

On distingue deux espèces de *groseilles :* les unes, que l'on nomme groseilles à maquereau, viennent une à une sur l'arbrisseau; elles sont grosses comme le pouce, rondes, de couleur jaunâtre ou violette, remplies d'un suc douceâtre dans sa maturité, aigrelet avant qu'il soit mûr; alors on l'emploie dans les sauces en place de verjus : on en met dans la sauce du maquereau; c'est de là que cette espèce tire son nom. Les autres groseilles viennent en grappes et sont rouges ou blanches. Ce fruit est très-petit, rond, acide et sain ; il contient des pepins qui sont sa semence.

Dans les campagnes auprès de Paris, vous trouverez des portions de terrain considérables couvertes par des plants de *groseilliers.* Un jour de congé, les écoliers d'un pensionnat étaient allés en promenade aux prés Saint-Gervais; un d'eux, nommé Gustave, qui n'avait que sept ans, aimait beaucoup les groseilles, il ne s'en était jamais régalé à discrétion; il échappe à ses camarades qui jouaient au jeu du diable , et va se blottir dans le champ de groseilliers; il examine à plusieurs reprises ce joli fruit, dont la couleur rouge séduit les yeux, et dont il se rappelle avec friandise l'agréable goût; sa petite main s'avance pour en cueillir une grappe; mais à peine il l'a touchée, qu'il pense à l'horreur qu'on lui inspire pour la gourmandise et pour le vol. Ce fruit est délicieux, se dit-il : mais si je le mange, je commettrai deux péchés mortels; et si personne ne le sait, Dieu, qui voit tout, qui entend tout, le saura et me punira. Ces groseilles me feront peut-être du mal : n'importe, goûtons-en; il s'approche une seconde fois du groseillier : tout-à coup il songe à sa mère. Dieu a fait tomber, il m'en souvient, sur les enfans d'Adam, la malédiction du crime de leur père : s'il allait faire tomber sur ma mère la punition de ma faute, j'en mourrai de chagrin : non , je ne mangerai point de ce fruit. Tandis que Gustave raisonnait ainsi, le maître de quartier, inquiet de son absence, le cherchait; il aperçut son hésitation, ses désirs, ses remords. Il s'approche de l'enfant; Gustave s'écrie en rougissant :

Ah, monsieur ! je n'y ai pas touché. Je le sais, mon ami; Dieu m'a conduit vers vous pour vous arracher à la tentation. Je suis coupable, dit Gustave; mais pour me punir, monsieur, je ne mangerai de ma vie de groseilles. J'approuve votre résolution, dit le maître; il faut expier une faute par un sacrifice.

Ce trait fut aussitôt raconté au chef du pensionnat; celui-ci, pour éprouver Gustave, lui fit servir des groseilles, chaque matin à déjeûner; Gustave mangea son pain sec. La sobriété de l'enfant, la suite qu'il donnait à sa courageuse résolution, lui acquit la bienveillance de ses supérieurs et l'estime de ses camarades; et lorsque les prix furent distribués dans le pensionnat, on créa pour Gustave le prix de la *sobriété;* ce prix consista dans un petit espace de terrain qu'on lui donna dans le jardin dépendant de la pension, où douze groseilliers furent plantés et donnés en toute propriété au jeune Gustave.

L'OEILLET.

Cette fleur se cultive avec soin dans les jardins, et l'on y respire avec plaisir son odeur aromatique , à peu près semblable à celle du girofle. On admire ses couleurs piquetées et panachées ; les amateurs distinguent surtout les œillets pourprés , violets , rouges, et tricolores. Ces fleurs se multiplient par les marcottes ; mais pour obtenir des espèces nouvelles , il faut avoir recours aux graines , que l'on peut recueillir sur les beaux œillets doubles qui produisent des semences.

Cette plante est cordiale ; on l'emploie dans les maladies de la tête et du cœur. On en prépare, en sirop , une conserve , un vinaigre et une eau distillée. Le vinaigre d'œillets rouges a de grandes propriétés ; on en boit dans les temps de peste. On le regarde comme propre à résister au venin.

On voit aussi dans les jardins une autre espèce d'œillets , appelés *œillets de poètes*. Ils n'ont pas d'odeur, et l'on ne les cultive qu'à cause de la vivacité de leurs nuances.

LA REINE-MARGUERITE.

CETTE fleur, qui nous a été apportée d'Amérique, est très-agréable à l'œil par la variété de

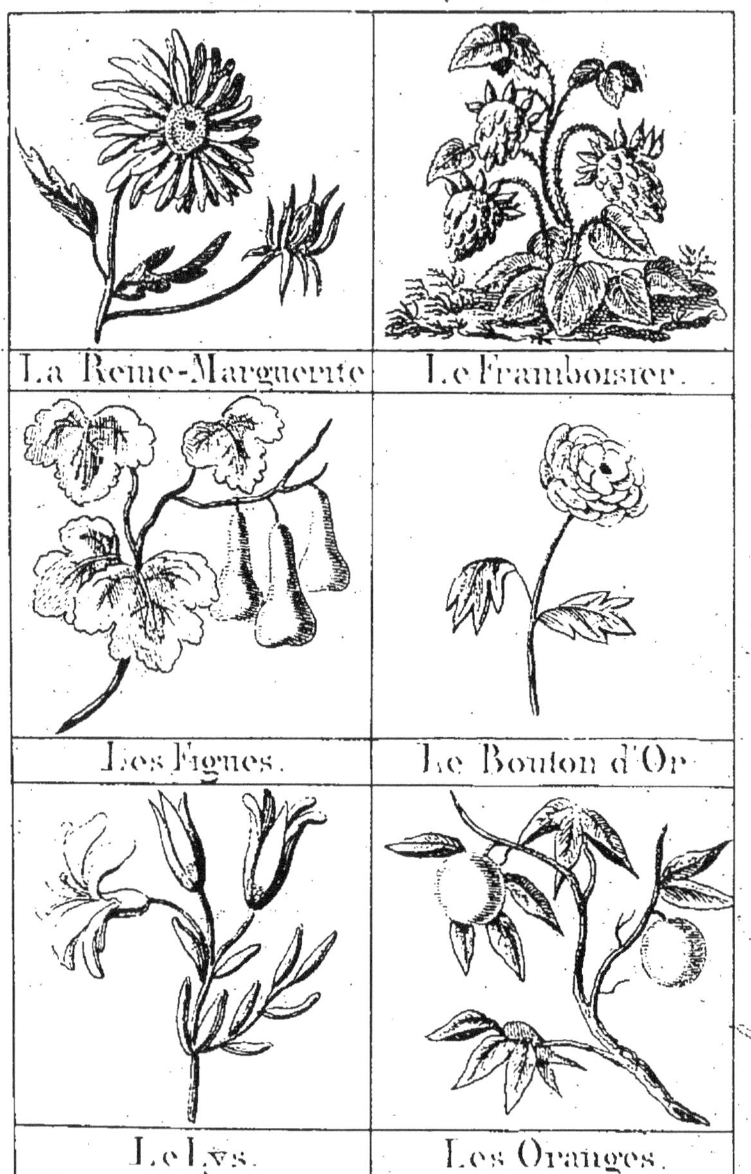

La Reine-Marguerite
Le Framboisier.
Les Figues.
Le Bouton d'Or
Le Lys.
Les Oranges.

ses couleurs. Elle fait en automne la principale décoration des jardins. Elle est sans odeur comme presque toutes les fleurs de cette saison; mais elle a le rare avantage de conserver assez long-temps sa fraîcheur.

Madame Marguerite de France, fille de François Ier, ayant épousé le duc de Savoie, alla dans ce pays rejoindre ce prince. On lui présenta sur sa route une corbeille de fleurs, où il n'y avait que des marguerites, avec ces vers :

> « Toutes les fleurs ont leur mérite;
> » Mais quand mille fleurs à la fois
> » Se présenteraient à mon choix,
> » Je choisirais la *Marguerite.* »

On dit souvent, jeter des marguerites devant les pourceaux : cela signifie, dire de belles choses devant des gens qui ne les comprennent pas. On fait, en ce sens, allusion au mot latin, *margarita*, qui signifie grosse perle. Il croît dans les prés, au printemps, de jolies marguerites appelées aussi *petites paquerettes.* Elle sont de couleur jaune en dedans, et couronnées de feuilles blanches. Elles ressemblent à des perles. Leur grand

nombre répandu parmi les verts gazons produit un charmant effet. Les enfans s'amusent
à les cueillir et à les effeuiller pour jouer au
petit jeu, Je t'aime, un peu, beaucoup, pas-
sionnément, pas du tout. On joue aussi à ce
jeu avec les groseilles en grappes.

On fait usage des feuilles, des fleurs et des
racines des *paquerettes* comme vulnéraires.

LE FRAMBOISIER.

Le framboisier croît à la hauteur d'un
homme. Ses branches sont tendres, vertes,
moelleuses, et garnies de petites épines. Ses
fruits, que l'on nomme *framboises*, ont un
parfum délicieux. Leur saveur est également
fine et flatteuse. On le mange cru, mêlé
avec des fraises et des groseilles. On en fait
des confitures, des gelées, des dragées et
des sirops. Ce fruit entre dans la composition
de plusieurs ratafias.

LES FIGUES.

Fruit mou, doux et fort sucré, que porte
l'arbuste appelé *figuier*. Les *figues* ont la forme des poires ; on en voit de blanches, de

jaunes, de violettes, de vertes, et de plusieurs autres couleurs. Elles mûrissent en
juillet et en août; on les ceuille en automne.
On les met sur des claies pour les faire sécher, soit au soleil, soit au four. On les conserve ainsi toute l'année, et, réunies aux raisins secs, aux amandes et aux noisettes, on
les donne au dessert sous le nom de *quatre
mendians.*

Les figues sèches s'emploient, en médecine,
contre les maux de bouche et de gorge.

LE BOUTON D'OR.

On cultive dans les jardins sous le nom
de *bouton d'or,* une petite fleur ronde,
double, à la tige élancée. Sa couleur, d'un
jaune d'or, lui a donné son nom. Cette fleur,
qui est une variété de renoncule, produit
un joli effet dans les parterres, et se conserve
long-temps fraîche. Vous trouverez souvent
dans vos promenades champêtres, une autre
fleur de même forme et de semblable nuan-
ce, appelée aussi *bouton d'or.* Elle diffère de
la première en ce qu'elle est simple et croît
sans aucune culture.

LE LIS.

Dans la plus belle saison de l'année, lorsque la rose, le chèvre-feuille et l'œillet embaument l'air de leurs doux parfums, parmi ces odeurs se distingue aisément une odeur plus suave et plus exquise encore qui nous annonce la présence du *lis*. Cette fleur élève sa tête majestueuse au-dessus de toutes les autres fleurs, et l'emporte sur elles en beauté, en grâce en noblesse : on a justement proclamé le lis, le *roi des parterres*, ainsi que la rose en fut proclamée la reine. L'éclatante blancheur du lis, sa pureté, l'ont rendu le symbole de l'innocence; chéri des Français dès le berceau de leur monarchie, le lis devint le signe heureux qui unit le ciel à la terre, et les rois de France à leurs peuples. Vous verrez dans l'histoire que sainte Clotilde, épouse de Clovis, avait imploré de Dieu un miracle pour amener au vrai culte le cœur de son époux; Dieu exauça Clotilde comme il exauce toujours ceux qui le prient avec ferveur.

En 495, à la bataille de Tolbiac, Clovis,

au moment de périr, s'arrêta tout-à-coup dans la mêlée, leva les yeux et les mains au ciel; et s'adressant au Dieu de sa vertueuse épouse : *Seigneur,* lui dit-il, *dont on m'a cent fois relevé le pouvoir au-dessus de toutes les autres puissances de la terre, et de celle des dieux que j'adore maintenant, daignez m'en donner une marque dans l'extrémité où je me trouve réduit: si vous me faites cette grâce, je me fais baptiser au plus tôt pour n'adorer jamais que vous.* Cette invocation ranima le courage du roi et celui de ses troupes; les Français remportèrent la victoire la plus éclatante. Aussitôt après Clovis se fit baptiser; trois mille personnes de sa cour et de l'armée furent baptisées le même jour. Ce religieux exemple, imité par presque toute la famille royale, le fut aussi bientôt par presque toute la nation.

Dieu récompensa la foi de Clovis par un second miracle : trois fleurs de lis parurent soudain dans les cieux; Clovis était le seul roi chrétien et catholique qui existât alors dans le monde, et le pape lui décerna le titre de roi Très-Chrétien, que les rois de France ont toujours porté depuis.

LES ORANGES.

La jeune Adèle venait de recevoir pour étrennes une jolie corbeille remplie d'oranges. Cette aimable petite fille possédait de très-bonnes qualités : elle était fort instruite pour son âge, très-généreuse, et n'était point gourmande ; elle partageait toujours les bonbons et les fruits qu'on lui donnait avec ses compagnes : cependant elle ne disposait de rien sans avoir d'abord consulté sa mère. Adèle examina sa corbeille, compta ses oranges, et, charmée d'en posséder six, elle en offrit la moitié à sa mère, lui demanda la permission d'en manger une, et de donner les deux autres à Laure, sa cousine. Laure avait été élevée dans un village où l'on ne connaissait pas ce fruit ; Adèle eut donc le double plaisir de lui en faire goûter la première, et de lui apprendre ce que c'était que ces belles *pommes d'or ;* c'est ainsi qu'en les voyant Laure les avait nommées.

Ma cousine, dit Adèle, ces fruits, qui sont, il est vrai, jaunes comme de l'or et de la grosseur d'une pomme, se nomment *oranges,* et l'arbre sur lequel ils viennent s'appelle *oranger*. Mais, dit Laure, nous avons dans notre jardin un joli petit arbre de ce nom, et je n'y ai pas vu d'oranges. Ma chère, répondit Adèle, c'est que ces arbres ne produisent des fruits que dans des climats assez chauds pour qu'ils puissent y pousser en pleine terre; dans ce pays-ci, on élève les orangers dans des caisses, afin de les mettre pendant l'hiver à l'abri du froid; on les cultive principalement pour le plaisir d'en recueillir les fleurs, dont l'odeur est si agréable, que beaucoup de personnes la préfèrent à l'odeur même de la rose; elles ont de plus l'avantage d'être employées dans divers médicamens; on en retire par la distillation une eau très-stomachique; on en fait aussi des ratafias délicieux. Les feuilles de ce charmant arbuste ne sont pas non plus sans utilité, on les infuse pour en faire une boisson cordiale.

L'industrie de l'homme a su mettre à profit la libéralité du Créateur, et l'on a trouvé le moyen de tirer parti de ce que l'ignorance dédaigne : par exemple, cette écorce d'orange que tu as jetée après avoir mangé ce qu'elle renfermait, eh bien, on en fait une essence connue sous le nom *d'Essence de Portugal;* on en fait aussi confire pour en mettre dans les boîtes de confitures sèches.

Ah! ma cousine, s'écria Laure, dorénavant je ne jetterai pas la moindre chose sans m'être assurée d'abord de son utilité. Que je suis heureuse que tu m'aies donné des oranges, et surtout que tu m'aies enseigné à connaître tout le prix de ce fruit et de l'arbre qui nous le donne!

FIN.

www.ingramcontent.com/pod-product-compliance
Lightning Source LLC
Chambersburg PA
CBHW061247060726
47596CB00002B/480